# Mot Mystères

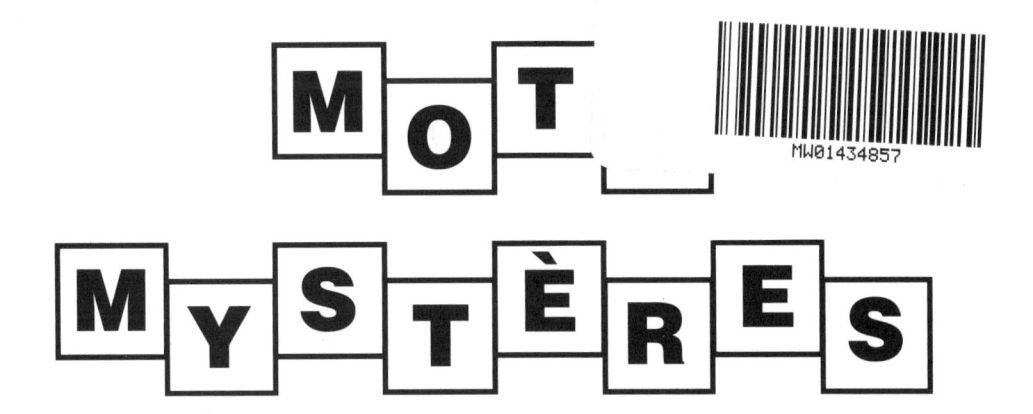

## Jeux et activités

Illustrations et conception graphique : Dominique Pelletier
Conception des jeux : Julie Lavoie

© Éditions Scholastic 2011
Tous droits réservés
ISBN 978-1-4431-0671-9
Imprimé au Canada   116

**Éditions SCHOLASTIC**

# Laquelle de ces silhouettes est la mienne?

1

2

3

4

5

# Salade de fruits

| S | M | M | P | E | C | H | E |
|---|---|---|---|---|---|---|---|
| E | A | U | E | M | M | O | P |
| N | N | E | R | L | C | P | O |
| A | G | A | S | E | O | R | I |
| N | U | L | R | I | A | N | W |
| A | E | I | R | N | A | A | I |
| B | S | E | G | D | E | R | K |
| E | T | E | U | E | L | B | F |

BANANE
BLEUET
CERISE
FRAISE
KIWI
MANGUE
MELON
MÛRE
ORANGE
PÊCHE
POIRE
POMME

(Mot de 6 lettres)

☐ ☐ ☐ ☐ ☐ ☐

EST-CE QUE JE PEUX ÊTRE DANS LA SALADE?

RADIS

# Dans le métro

| S | T | E | N | I | R | S | O |
|---|---|---|---|---|---|---|---|
| T | U | E | H | C | U | O | B |
| A | T | T | E | N | D | R | E |
| T | Q | U | M | T | E | G | R |
| I | U | N | R | E | E | R | A |
| O | A | N | V | I | T | E | M |
| N | I | E | S | A | I | R | E |
| T | E | L | L | I | B | N | O |

**ATTENDRE**
**BILLET**
**BOUCHE**
**MÉTRO**
**QUAI**
**RAME**
**SIÈGE**
**STATION**
**TENIR**
**TUNNEL**
**VITE**

(Mot de 10 lettres)

☐ ☐ ☐ ☐ ☐ ☐ ☐ ☐ ☐ ☐

4

# Les araignées

| C | T | I | S | S | E | R | T |
|---|---|---|---|---|---|---|---|
| R | A | A | R | P | E | S | V |
| O | O | S | P | R | N | E | T | E |
| C | O | O | T | T | X | O | L |
| H | I | T | T | U | U | I | U |
| E | E | A | E | L | R | L | E |
| T | P | Y | S | F | U | E | O |
| S | E | P | I | Q | U | E | R |

CAPTURER
CROCHETS
OEUFS
PATTES
PIQUER
PROIE
SOIE
TISSER
TOILE
VELUE
YEUX

(Mot de 9 lettres)

☐ ☐ ☐ ☐ ☐ ☐ ☐ ☐ ☐

5

# Au parc d'amusement

| S | E | G | E | N | A | M | T |
|---|---|---|---|---|---|---|---|
| E | N | B | A | X | R | E | P |
| N | T | O | U | R | H | D | E |
| T | R | E | I | C | B | A | L |
| R | J | E | I | T | E | L | U |
| E | A | U | I | P | O | A | C |
| E | G | A | P | R | A | M | H |
| T | N | A | T | I | C | X | E |

**CRIER**
**ÉMOTIONS**
**ENTRÉE**
**EXCITANT**
**GUICHET**
**JEUX**
**MALADE**
**MANÈGES**
**PELUCHE**
**TOUR**

(3 mots - 10 lettres)

# Trouve huit différences

# À la soupe!

| N | O | U | I | L | L | E | S |
|---|---|---|---|---|---|---|---|
| O | O | C | N | S | H | C | T |
| L | A | R | I | A | E | U | O |
| L | E | O | V | L | V | D | M |
| I | P | S | E | I | E | E | A |
| U | E | R | V | I | O | P | T |
| O | I | G | N | O | N | P | E |
| B | C | A | R | O | T | T | E |

**BOUILLON**
**CAROTTE**
**CÉLERI**
**NAVET**
**NOUILLES**
**OIGNON**
**POIS**
**POIVRE**
**POIVRON**
**SEL**
**TOMATE**

(Mot de 6 lettres)

☐ ☐ ☐ ☐ ☐ ☐

SPÉCIAL DU JOUR
SOUPE AUX ESCARGOTS
99¢

AU SECOURS!

J'AURAIS DÛ CHOISIR LA SOUPE AUX LÉGUMES...

RESTO

8

# Jolis papillons

| F | E | U | I | L | L | E | E | M |
|---|---|---|---|---|---|---|---|---|
| N | M | U | E | R | E | T | V | P |
| N | O | T | A | M | C | O | R | O |
| Y | E | I | S | E | L | I | A | N |
| M | U | R | S | O | L | D | L | D |
| P | F | N | V | O | U | C | P | R |
| H | I | N | H | L | L | O | Y | E |
| E | E | S | T | N | O | C | O | C |
| C | H | E | N | I | L | L | E | E |

**ADULTE**
**AILES**
**CHENILLE**
**COCON**
**CYCLE**
**ÉCLOSION**
**ENVOL**
**FEUILLE**
**INSECTE**
**LARVE**
**MUER**
**NYMPHE** (ou chrysalide)
**OEUF**
**PONDRE**

(Mot de 12 lettres)

☐ ☐ ☐ ☐ ☐ ☐ ☐ ☐ ☐ ☐ ☐ ☐

# Au fil du temps

| T | A | I | G | U | I | L | L | E |
|---|---|---|---|---|---|---|---|---|
| S | C | E | R | T | N | O | M | E |
| E | A | M | G | R | E | E | O | R |
| C | D | B | I | O | E | M | H | U |
| O | R | T | L | N | L | E | P | D |
| N | A | T | R | I | U | R | E | S |
| D | N | U | U | R | E | T | O | S |
| E | O | M | E | S | U | R | E | H |
| J | P | E | N | D | U | L | E | E |

**AIGUILLE**

**CADRAN**

**DURÉE**

**HEURE**

**HORLOGE**

**JOURNÉE**

**MESURE**

**MINUTE**

**MONTRE**

**PENDULE**

**SABLIER**

**SECONDE**

**TEMPS**

(Mot de 9 lettres)

☐ ☐ ☐ ☐ ☐ ☐ ☐ ☐ ☐

11

# Alloooooooo!

| P | O | L | I | T | E | S | S | E |
|---|---|---|---|---|---|---|---|---|
| D | C | R | O | M | O | M | R | C |
| E | E | U | E | N | N | D | E | O |
| L | I | M | N | M | N | C | C | M |
| I | L | E | A | O | U | C | O | P |
| B | R | E | P | N | U | N | U | O |
| O | A | E | P | P | D | T | T | S |
| M | R | I | E | P | O | E | E | E |
| N | R | E | L | R | A | P | R | R |

**APPEL** (2)

**COMPOSER**

**DEMANDER**

**ÉCOUTER**

**MOBILE**

**NUMÉRO**

**OCCUPÉ**

**PARLER**

**POLITESSE**

**RÉPONDRE**

**SONNER**

(Mot de 13 lettres)

13

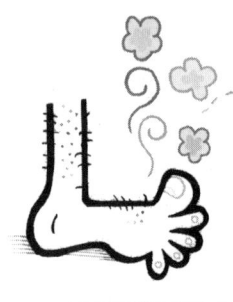

# Les parties du corps

| P | D | E | E | R | T | N | E | V |
|---|---|---|---|---|---|---|---|---|
| E | O | P | P | G | B | U | O | C |
| L | S | I | I | A | J | R | T | U |
| L | I | O | T | A | U | E | A | I |
| I | D | E | M | R | N | L | E | S |
| V | T | B | T | G | I | U | E | S |
| E | E | E | I | R | Q | N | I | E |
| H | E | O | T | U | O | N | E | G |
| C | P | D | N | E | S | S | E | F |

**BRAS**
**CHEVILLE**
**COU**
**CUISSE**
**DOIGT**
**DOS**
**ÉPAULE**
**FESSE**
**GENOU**
**JAMBE**
**NUQUE**
**ORTEIL**
**POIGNET**
**POITRINE**
**TÊTE**
**VENTRE**

(Mot de 4 lettres)

☐ ☐ ☐ ☐

OREILLE
MOUSTACHES
DOIGT
MAIN
BOBETTE

14

# Ma maison

| E | G | A | R | A | G | E | B | A |
|---|---|---|---|---|---|---|---|---|
| G | A | M | A | I | S | O | N | E |
| A | P | T | P | A | U | R | R | R |
| T | S | T | E | D | E | B | C | E |
| E | M | A | O | L | M | U | A | I |
| C | L | I | L | A | I | R | V | N |
| E | R | L | H | O | E | E | E | E |
| I | N | C | A | T | N | A | R | R |
| P | E | N | I | S | I | U | C | G |

**ATELIER**

**BOUDOIR**

**BUREAU**

**CAVE**

**CHAMBRE**

**CUISINE**

**ÉTAGE**

**GARAGE**

**GRENIER**

**MAISON**

**PIÈCE**

**SALLE**
(salle à dîner ou salle de jeu)

**SALON**

(Mot de 11 lettres)

☐ ☐ ☐ ☐ ☐ ☐ ☐ ☐ ☐ ☐ ☐

# Rapide comme l'éclair!

| D | R | A | S | S | O | D | V | R |
|---|---|---|---|---|---|---|---|---|
| I | S | R | V | A | I | I | N | E |
| S | E | R | N | Q | R | O | U | S |
| T | T | I | U | A | T | C | E | S |
| A | E | V | G | O | E | O | D | A |
| N | T | E | L | U | C | U | I | P |
| C | M | E | N | E | U | R | P | E |
| E | P | O | L | E | V | S | A | D |
| R | P | E | D | A | L | E | R | P |

ARRIVÉE
COURSE
DÉPASSER
DISTANCE
DOSSARD
MENEUR
PARCOURS
PÉDALER
PELOTON
RAPIDE
TÊTE
VÉLO
VIRAGE

(Mot de 9 lettres)

☐ ☐ ☐ ☐ ☐ ☐ ☐ ☐ ☐

16

# Les produits laitiers

| E | L | E | V | A | G | E | P | A |
|---|---|---|---|---|---|---|---|---|
| B | S | T | R | U | O | G | O | Y |
| T | R | T | E | R | V | E | H | C |
| I | L | E | E | H | R | U | R | R |
| U | A | I | B | R | C | E | S | E |
| D | I | A | U | I | M | A | T | M |
| O | T | E | I | E | S | O | V | R |
| R | B | L | A | I | T | A | G | E |
| P | N | E | G | A | M | O | R | F |

**BEURRE**
**BREBIS**
**CHÈVRE**
**CRÈME**
**ÉLEVAGE**
**FERME**
**FROMAGE**
**LAIT**
**LAITAGE**
**PRODUIT**
**VACHE**
**YOGOURT**

(Mot de 14 lettres)

☐☐☐☐☐☐☐☐☐☐☐☐☐☐

# À couper le souffle!

| R | O | C | H | E | R | S | E | S |
|---|---|---|---|---|---|---|---|---|
| A | A | A | S | P | A | N | L | R |
| R | C | L | Y | E | G | S | E | U |
| B | A | M | T | A | R | R | I | E |
| R | N | E | T | I | E | B | C | L |
| E | Y | N | A | I | T | P | M | U |
| S | O | M | M | E | T | U | I | O |
| M | N | U | A | G | E | S | D | C |
| G | L | I | E | L | O | S | E | E |

ALTITUDE
ARBRES
CALME
CANYON
CIEL
COULEURS
LUMIÈRE
MONTAGNE
NUAGES
OMBRES
PIC
ROCHERS
SOLEIL
SOMMET

(Mot de 7 lettres)

☐ ☐ ☐ ☐ ☐ ☐ ☐

18

# Laquelle de ces silhouettes est la mienne?

**1**

**2**

**3**

**4**

**5**

# Do-ré-mi-fa-sol-la... la! la! la!

| N | O | T | E | S | P | M | E | T |
|---|---|---|---|---|---|---|---|---|
| E | O | P | R | M | B | U | P | S |
| G | I | I | I | I | L | U | O | D |
| E | C | R | R | A | A | I | R | R |
| F | L | C | O | E | N | O | T | Y |
| L | E | E | C | E | C | O | E | T |
| O | F | R | C | C | H | I | E | H |
| S | O | E | A | O | E | T | N | M |
| M | E | T | R | O | N | O | M | E |

ACCORD
AIR
BLANCHE
CLEF
LEÇON
MÉTRONOME
MORCEAU
NOIRE
NOTE
PIANO
PORTÉE
RYTHME
SOLFÈGE
TEMPS
THÉORIE

(Mot de 8 lettres)

☐ ☐ ☐ ☐ ☐ ☐ ☐ ☐

# D'un point à l'autre

**RELIE LES LETTRES SELON L'ORDRE ALPHABÉTIQUE.**

POUET POUET

# Les fruits de mer

| P | P | E | R | T | I | U | H | C |
|---|---|---|---|---|---|---|---|---|
| A | C | E | E | B | A | R | C | O |
| L | A | H | T | C | H | R | A | Q |
| O | L | C | M | O | U | L | E | U |
| U | M | E | U | S | N | Y | D | I |
| R | A | P | T | R | M | C | E | L |
| D | R | A | M | O | H | E | L | L |
| E | C | R | E | V | E | T | T | E |
| E | U | Q | S | U | L | L | O | M |

**CALMAR**
**COQUILLE**
**CRABE**
**CREVETTE**
**CRUSTACÉ**
**HOMARD**
**HUÎTRE**
**MOLLUSQUE**
**MOULE**
**MYE**
**PALOURDE**
**PÊCHE**
**PÉTONCLE**

(Mot de 8 lettres)

Une bonne
☐☐☐☐☐☐☐☐
de fruits de mer

22

# Laquelle de ces silhouettes est la mienne?

# Je déménage!

| D | E | M | E | N | A | G | E | U | R |
|---|---|---|---|---|---|---|---|---|---|
| R | E | L | L | A | B | E | D | T | V |
| R | R | M | J | E | T | E | R | F | I |
| E | E | A | B | B | C | A | T | R | D |
| G | G | Y | O | A | N | R | E | I | E |
| A | E | I | O | S | L | C | O | L | R |
| N | T | D | P | T | A | L | B | F | D |
| E | O | O | I | L | T | U | E | G | N |
| M | R | U | P | A | E | E | E | R | E |
| T | P | C | A | M | I | O | N | R | V |

(Mot de 8 lettres)

☐ ☐ ☐ ☐ ☐ ☐ ☐ ☐

- AIDE
- BOÎTE
- CAMION
- DÉBALLER
- DÉMÉNAGEUR
- EMBALLER
- FORCE
- JETER
- MÉNAGE
- MEUBLE
- NETTOYER
- PLACER
- PROTÉGER
- TRANSPORT
- VENDRE
- VIDER

# C'est le printemps! Frottons gaiement!

| V | A | D | R | O | U | I | L | L | E |
|---|---|---|---|---|---|---|---|---|---|
| R | S | S | I | A | R | F | L | G | R |
| E | P | O | N | G | E | E | B | S | E |
| V | I | R | R | A | S | L | A | F | I |
| A | R | N | O | S | D | L | L | R | S |
| L | A | M | I | P | E | I | A | O | S |
| E | T | V | N | T | R | N | I | T | U |
| D | E | T | E | R | G | E | N | T | O |
| A | U | S | C | E | A | U | E | E | P |
| G | R | U | E | D | O | G | T | R | E |

**ASPIRATEUR**
**BALAI**
**DÉTERGENT**
**ÉPONGE**
**FRAIS**
**FROTTER**
**GUENILLE**
**LAVER**
**LESSIVE**
**NET**
**ODEUR**
**POUSSIÈRE**
**PROPRE**
**SALETÉ**
**SCEAU**
**VADROUILLE**

(2 mots - 11 lettres)

☐ ☐ ☐ ☐ ☐    ☐ ☐ ☐ ☐ ☐ ☐

25

# Vente de garage

| | | | | | | | | | |
|---|---|---|---|---|---|---|---|---|---|
| E | P | A | N | I | E | R | V | I | L |
| R | R | D | E | U | K | E | B | B | X |
| D | A | N | Q | P | V | S | I | O | U |
| A | D | S | O | A | M | B | N | U | A |
| C | I | A | S | R | E | A | O | T | E |
| D | O | E | T | L | D | R | L | I | P |
| V | E | L | O | E | R | U | L | L | A |
| A | E | T | T | E | U | Q | A | R | H |
| B | O | T | T | E | S | O | B | H | C |
| X | I | R | P | J | E | U | J | S | C |

**BALLON**
**BIBELOT**
**BOTTES**
**CADRE**
**CHAPEAUX**
**CHAUDRON**
**DISQUE**
**JEU**
**JOUET**
**LAMPE**
**LIVRE**
**OUTIL**
**PANIER**
**PRIX**
**RADIO**
**RAQUETTE**
**SKI**
**VASE**
**VÉLO**

(Mot de 8 lettres)

☐ ☐ ☐ ☐ ☐ ☐ ☐ ☐

EUH...

26

# Carte du monde

| C | L | O | N | G | I | T | U | D | E |
|---|---|---|---|---|---|---|---|---|---|
| O | A | N | O | I | G | E | R | E | D |
| N | L | P | M | E | R | E | R | U | E |
| T | F | V | I | L | L | E | S | F | R |
| I | S | L | A | T | I | T | U | D | E |
| N | Y | A | E | T | A | S | G | R | I |
| E | A | C | N | U | E | L | E | O | V |
| N | P | O | N | A | V | D | E | N | I |
| T | R | E | U | T | S | E | U | O | R |
| F | E | L | E | L | L | A | R | A | P |

(Mot de 7 lettres)

☐ ☐ ☐ ☐ ☐ ☐ ☐

- CAPITALE
- CONTINENT
- FLEUVE
- FRONTIÈRE
- FUSEAU
- LAC
- LATITUDE
- LONGITUDE
- MER
- NORD
- OUEST
- PARALLÈLE
- PAYS
- RÉGION
- RIVIÈRE
- SUD
- VILLE

27

# Oiseaux de chez nous

| B | M | O | I | N | E | A | U | H | P |
|---|---|---|---|---|---|---|---|---|---|
| R | E | I | V | R | E | P | E | E | I |
| C | A | R | D | I | N | A | L | I | C |
| O | D | B | N | N | O | R | E | H | O |
| R | N | I | E | A | E | R | O | U | R |
| B | A | L | S | M | C | U | O | A | M |
| E | L | O | U | N | E | H | D | R | O |
| A | E | C | B | T | E | L | E | D | R |
| U | O | L | T | A | I | G | L | E | A |
| E | G | E | G | N | A | S | E | M | N |

**AIGLE**
**BERNACHE**
**BUSE**
**CARDINAL**
**CHOUETTE**
**COLIBRI**
**CORBEAU**
**CORMORAN**
**ÉPERVIER**
**GOÉLAND**
**HÉRON**
**HUARD**
**MERLE**
**MÉSANGE**
**MOINEAU**
**PIC**

(Mot de 10 lettres)

☐ ☐ ☐ ☐ ☐ ☐ ☐ ☐ ☐ ☐

# Trouve huit différences

# D'un point à l'autre

**RELIE LES NOMBRES PAIRS SELON L'ORDRE CROISSANT.**

# Sous la mer

| P | L | O | N | G | E | U | R | S | C |
|---|---|---|---|---|---|---|---|---|---|
| S | R | E | M | L | I | A | R | O | C |
| P | L | O | N | G | E | E | Q | X | D |
| S | O | O | F | P | U | U | A | Y | N |
| U | S | I | A | O | I | M | L | G | O |
| R | A | V | S | L | N | R | G | E | F |
| F | E | I | L | S | N | D | U | N | I |
| A | N | A | C | L | O | V | E | E | C |
| C | G | O | C | E | A | N | S | U | E |
| E | T | I | R | U | C | S | B | O | R |

**ALGUES**
**COQUILLAGE**
**CORAIL**
**ÉPAVE**
**FOND**
**MERS**
**OBSCURITÉ**
**OCÉAN**
**OXYGÈNE**
**PLONGÉE**
**PLONGEUR**
**POISSON**
**PROFONDEUR**
**RÉCIF**
**SURFACE**
**VOLCAN**

(2 mots - 9 lettres)

**Dernier appel pour les passagers à destination de l'île au trésor...**

| D | P | A | S | S | A | G | E | R | P |
|---|---|---|---|---|---|---|---|---|---|
| E | T | S | R | E | T | B | I | A | A |
| E | N | E | T | R | A | P | E | D | S |
| L | N | R | R | G | I | R | T | R | S |
| A | A | O | A | M | O | V | N | A | E |
| C | A | G | I | G | I | T | E | T | P |
| S | E | I | A | V | O | N | G | E | O |
| E | T | R | O | P | A | N | A | R | R |
| S | E | C | U | R | I | T | E | L | T |
| A | P | P | E | L | L | I | U | O | F |

**AÉROGARE**
**AGENT**
**APPEL**
**ARRIVÉ**
**AVION**
**BAGAGE**
**CARTE**
(carte d'embarquement)
**DÉPART**
**ESCALE**
**FOUILLE**
**PASSAGER**
**PASSEPORT**
**PORTE**
**RETARD**
**SÉCURITÉ**
**TERMINAL**

(Mot de 11 lettres)

☐ ☐ ☐ ☐ ☐ ☐ ☐ ☐ ☐ ☐ ☐

32

# D'un point à l'autre

**RELIE LES NOMBRES IMPAIRS SELON L'ORDRE CROISSANT.**

33

# Apprentis chimistes

| E | P | R | O | U | V | E | T | T | E | E |
|---|---|---|---|---|---|---|---|---|---|---|
| R | E | A | C | T | I | O | N | T | S | R |
| E | E | U | X | H | Z | E | T | P | O | I |
| L | D | L | Q | A | I | E | B | F | L | O |
| U | B | I | G | I | R | M | O | U | U | T |
| C | E | Q | L | U | M | R | I | A | T | A |
| E | C | U | B | O | M | I | T | E | I | R |
| L | H | I | E | U | S | O | H | R | O | O |
| O | E | D | L | I | M | E | N | C | N | B |
| M | R | E | R | E | I | T | A | M | C | A |
| F | I | O | L | E | E | E | T | A | T | L |

**ATOME**
**BÉCHER**
**BURETTE**
**CHIMIE**
**CHIMIQUE**
**ÉPROUVETTE**
**ÉTAT**
**FIOLE**
**FORMULE**
**GAZ**
**LABORATOIRE**
**LIQUIDE**
**MATIÈRE**
**MOLÉCULE**
**RÉACTION**
**SOLIDE**
**SOLUTION**
**TUBE**

(Mot de 10 lettres)

☐ ☐ ☐ ☐ ☐ ☐ ☐ ☐ ☐ ☐

# Trouve huit différences

35

# Ça roule!

| E | R | E | M | O | R | Q | U | E | E | T |
|---|---|---|---|---|---|---|---|---|---|---|
| C | S | R | R | T | C | V | O | T | U | R |
| N | U | U | T | U | E | A | T | T | T | O |
| A | B | T | E | L | E | E | M | R | E | T |
| L | O | I | O | N | L | T | I | I | U | T |
| U | T | O | O | C | N | C | C | O | O | I |
| B | U | V | Y | T | Y | A | T | A | R | N |
| M | A | C | E | C | U | O | P | R | R | E |
| A | I | R | L | A | M | A | I | E | N | T |
| B | V | E | H | I | C | U | L | E | D | T |
| E | C | I | R | T | A | V | A | C | X | E |

**AMBULANCE**

**AUTO**

**AUTOBUS**

**BICYCLETTE**

**CAMION**

**DÉPANNEUSE**

**EXCAVATRICE**

**MOTO**

**REMORQUE**

**ROUE**

**TRACTEUR**

**TRICYCLE**

**TROTTINETTE**

**VÉHICULE**

**VÉLO**

**VOITURE**

(2 mots - 11 lettres)

☐☐☐☐-☐☐☐☐☐☐☐

# Le naufrage du Titanic

| C | T | O | B | E | U | Q | A | P | M | H |
|---|---|---|---|---|---|---|---|---|---|---|
| C | A | V | I | C | T | I | M | E | A | E |
| S | T | P | T | R | O | M | S | G | G | U |
| A | U | T | I | U | N | S | A | A | R | R |
| U | S | R | T | T | A | R | R | P | E | T |
| V | D | E | V | G | A | F | O | I | B | E |
| E | I | R | E | I | U | I | N | U | E | R |
| T | O | B | P | A | V | O | N | Q | C | A |
| A | R | M | N | O | Y | A | D | E | I | D |
| G | F | O | H | E | T | O | N | A | C | I |
| E | E | S | R | E | V | A | R | T | E | O |

**CANOT**

**CAPITAINE**

**ÉQUIPAGE**

**FROID**

**HEURTER**

**ICEBERG**

**MESSAGE**

**MORT**

**NAUFRAGE**

**NOYADE**

**NOYER**

**NUIT**

**PAQUEBOT**

**RADIO**

**SAUVETAGE**

**SOMBRER**

**SURVIVANT**

**TRAVERSÉE**

**VICTIME**

(Mots de 11 lettres)

☐ ☐ ☐ ☐ ☐ ☐ ☐ ☐ ☐ ☐ ☐

37

OUPS...

# S.O.S. Atterrissage d'urgence!

| R | U | H | U | B | L | O | T | C | L | P |
|---|---|---|---|---|---|---|---|---|---|---|
| E | R | D | U | O | F | E | A | D | E | O |
| T | G | U | U | C | M | A | E | H | I | S |
| O | E | E | E | P | M | T | B | E | C | E |
| L | N | G | E | L | R | T | R | N | A | R |
| I | C | T | A | E | O | E | U | G | B | U |
| P | E | A | S | U | R | R | I | I | I | T |
| E | T | S | I | P | N | R | T | S | N | N |
| U | E | L | A | N | G | I | S | N | E | I |
| R | S | E | C | O | U | R | S | O | O | E |
| T | U | R | B | U | L | E | N | C | E | C |

ATTERRIR
BRUIT
CABINE
CEINTURE
CIEL
CONSIGNE
CONTRÔLEUR
DÉTRESSE
FOUDRE
HUBLOT
NUAGE
PEUR
PILOTER
PISTE
POSER
SECOURS
SIGNAL
TEMPÊTE
TURBULENCE
URGENCE

(Mot de 9 lettres)

☐ ☐ ☐ ☐ ☐ ☐ ☐ ☐ ☐

39

# Solutions

## MOTS MYSTÈRES

| | | | |
|---|---|---|---|
| Page 3 | SALADE | Page 20 | MUSICIEN |
| Page 4 | SOUTERRAIN | Page 22 | CHAUDRÉE |
| Page 5 | TARENTULE | Page 24 | FATIGUER |
| Page 6 | BARBE À PAPA | Page 25 | GRAND MÉNAGE |
| Page 8 | CHAUDE | Page 26 | DÉBARRAS |
| Page 9 | MÉTAMORPHOSE | Page 27 | LÉGENDE |
| Page 10 | TROTTEUSE | Page 28 | HIRONDELLE |
| Page 12 | COMMUNICATION | Page 31 | SOUS-MARIN |
| Page 14 | PIED | Page 32 | DESTINATION |
| Page 15 | APPARTEMENT | Page 34 | EXPÉRIENCE |
| Page 16 | VAINQUEUR | Page 36 | TOUT-TERRAIN |
| Page 17 | PASTEURISATION | Page 37 | CATASTROPHE |
| Page 18 | PAYSAGE | Page 39 | CAUCHEMAR |

## SILHOUETTES

Page 2  N° 4
Page 19  N° 3
Page 23  N° 2

## TROUVE HUIT DIFFÉRENCES

Page 7

Page 29

Page 35